FRAGMENTOS DE IMPERMANENCIA

Ernesto Marrero Ramirez

ISBN: 978-980-18-4761-8

Dedico este libro a todos aquellos
que encuentran en la poesía
un espejo o una ventana hacia el mundo.
Y que, además, perciben a la impermanencia
como una motivación para vivir
cada instante de la vida con mayor profundidad...

CONTENIDO

Presentación 1

Prefacio 7

Reloj, testigo mudo de la Impermanencia 23

La danza de los Instantes 24

Senderista 26

Buenos poemas 27

Un día sin poema 28

Paciencia, cincel que talla nuestra piedra 30

El árbol eterno 32

Mujer de ardua faena 33

Impermanencia 34

Sonambulismo 36

Dilema 37

Oscuros derroteros 38

Solo una hoja 39

Sueños inocentes 40

Aflicción 41

Atardecer, maestro de la humildad 42

Avisos 43

Desenlace 44

Un exiliado 46

Poema y Sentido 47

Enigma 48

Fragilidad 49

Iluminación 51

Indecisión 53

Juicio 54

La vereda 55

Las flores del tiempo 56

Memento Mori 57

Nelumbos 58

Noches eternas 59

Oficio de poeta 61

Skholé 63

Sublimación 65

Los sueños 66

El juego de la vida 67

Vilipendios 68

Ya lo sabía 69

Sentido de la vida 70

Anhelos 71

Familia 72

Falsedad 73

El amanecer de la existencia 74

Rutas y senderos 75

Poiesis y Philosophia 77

Lecciones 79

Ocaso esperado 79

Suposiciones 80

El amor solo ama 81

Dama sin rostro 82

Una gota de agua en el mar 83

Acerca del autor 85

AGRADECIMIENTOS

A Carmen Cristina Wolf
por sus alentadoras palabras
y constante apoyo
en el mundo de las letras.

A mi esposa y mis hijos,
por ser mi inspiración
para continuar con esta labor
de sembrar conciencia
a través de las letras.

Y a quienes no vemos,
pero siempre nos acompañan
en nuestros logros...

PRESENTACIÓN

La lectura del libro ***Fragmentos de impermanencia*** de Ernesto Marrero Ramírez me ha atrapado desde el primer poema, pienso que no dejará indiferentes a los lectores, no solo por su profundidad, intensidad y belleza, sino porque nos adentra en una realidad crucial, la reflexión sobre una existencia "sin mezquindad, virtuosa", y la importancia de entender la finitud de nuestras vidas como una visita fugaz a este mundo.

En el primer poema del presente libro nos dice:

Este reloj, testigo mudo de la Impermanencia,
se ríe de mis planes futuros
y en su esfera cuenta historias
de anhelos, logros y desdichas

Cronos, ladrón astuto y sigiloso,
roba mis instantes, puertas y calendarios
siega mis ilusiones con su guadaña.
Él me deja con valiosos recuerdos
y la enseñanza de que la vida, como este reloj,
mantiene su indetenible ritmo

(*Reloj, testigo mudo de la impermanencia*)

Ernesto es un creador con una vocación incansable, ha dedicado buena parte de su vida a la escritura, es cuentista, novelista y poeta, dicta cursos y conferencias. Realizó una Maestría en Filosofía Práctica en la Universidad Católica Andrés Bello, es profesor universitario, investigador y ensayista sobre temas filosóficos, existenciales y biográficos. Algunos de sus libros publicados son: *La leyenda del sabio de la montaña, El pececito que quería ser humano, Cuando tenga tiempo, empiezo, Pasajes secretos del alma, El futuro nos alerta, El jardín de la existencia, Quisiera contarte algo y El tiempo y su legado.*

Leo estos versos, que expresan la intención del poeta Ernesto:

(...) poemas de hilos metafísicos
que bordan el tapiz de la realidad
poemas que exorcizan a los demonios
... disipan las densas tinieblas.
Son los poemas que abren las verjas
y liberan el centauro de la reflexión

(*Buenos poemas*)

Al principio, escribir puede ser una manera de confesarse ante uno mismo, de reconocerse. Para algunos es una especie de catarsis. Hace tiempo creé un personaje a quien le preguntan qué busca con el acto de escribir, él responde: «Escribo porque no sé hacer otra cosa». La escritura persigue dar cuenta de las reflexiones, emociones y sentimientos, las pequeñas historias de la gente.

Con el tiempo, escribir, de ser un *divertimento* puede transformarse en un deseo de trascender más allá de lo efímero. Se intenta fundar un reino perdurable. Puede ser el espejo que refleja alguna de las innumerables facetas del ser íntimo y de aquello que nos rodea.

El ser humano pretende ser uno consigo mismo, añora la plenitud, no quiere sentirse fragmentado en las constantes emociones contradictorias y pensamientos de incertidumbre y temor. Presiente que hay un lugar en su ser íntimo, que es Conciencia Total, sosiego y serenidad. Y aunque intente perseguir sus sueños con absoluta intensidad, el camino para cumplirlos es más abierto cuando el ser está libre de la confusión que impone una mente en constante ebullición.

Ernesto Marrero escribe:

Hoy quise escribir un poema
y no pude...
se diluyó por los poros
de la nada eterna
o se detuvo a contemplar al mundo
mientras Cronos lo devoraba,
o tal vez se montó en un avión
o en una balsa
buscando una ilusoria libertad
o se fue a aconsejar algún corrupto

para que tomara el camino
de la virtud
o a consolar al afligido
golpeado por la roca del dolor
o se escondió en mi mente
detrás del muro
de las dudas y los lamentos

...No lo sé

(...) Aunque yo creo que se fue
con las metáforas,
las elipsis y los símiles
a beberse mis versos en un bar
y se olvidó de visitarme

Mañana intentaré
invitarlo nuevamente
a reunirse con mis letras
y mi inspiración
...Ojalá se acuerde
de este solitario poeta

(*Un día sin poema*)

Me siento identificada cuando Ernesto dice que no puede escribir ese poema tan anhelado, que se vuelve esquivo. Al comienzo, como ha sido mi experiencia, se escribe a tientas, como los niños que intentan caminar y se caen. No sabemos si hay un lugar adonde nos conducirá la escritura. Pero si perseveramos, sobre todo a través de la lectura y de la observación atenta, puede ser que logremos descifrar qué deseamos decir fervientemente. Hacia dónde nos lleva nuestra voluntad de escribir, las ideas y emociones que se agolpan en nuestras cabezas y deseamos volcar en el papel, se afinan en la quietud, en el silencio, en la espera. En esa atención interna puede surgir el poema, el relato, la obra de arte.

En los comienzos, no se tiene una idea clara de lo que se desea escribir, solo se agolpan palabras y frases en la mente sin orden, sin concierto. Con el tiempo y la reflexión, es posible que el escritor descubra su propósito y se proponga no escribir por llamar la atención de los otros, o puede que sí, pero descubre que necesita comunicarse. En mi opinión debo hallar un sentido y significación a la existencia, a sus sufrimientos, alegrías y contradicciones. Otros escritores deciden que quieren dejar registro de los que pasa dentro y fuera de ellos. Todo es válido.

He observado que los poetas trascendentes, revelan en el poema la esencia de las cosas, aun en los versos que se refieren a los aspectos más simples y cotidianos de la vida.

Al respecto de esta "simplicidad trascendente" escribe Ernesto, en uno de sus poemas dedicados a una hoja en blanco:

Era una hoja imperturbable, inmóvil
sumida en las etéreas aguas del silencio
...aguardaba su momento,
el día en que una línea
una letra, una palabra, una oración
se pose sobre su superficie
y quede asentada para la posteridad

Era una hoja, solo una hoja
blanca y firme como el mármol
...ansiaba dejar un legado,
quería ser esculpida por un pensador
con el cincel de la trascendencia
para que nunca, nunca la olvidaran

(*Solo una hoja*)

En la literatura de todos los tiempos se encuentran poemas, relatos, obras de teatro, diarios y cartas, que encienden un faro en medio de la oscuridad de los navegantes. Y después de leerlos, no volvemos a ser los mismos.

Escribir poemas para mí se ha transformado en una necesidad imperiosa, un ritual, una ceremonia y también en un juego que ha sido a veces inocente y en ocasiones trascendente. Cuando escribo abro una partida de cartas conmigo misma y con el lector, y la partida es infinita.

Uno de los primeros libros que leí sobre el significado de la poesía, fue el trabajo «Hðlderlin y la esencia de la Poesía», leído por vez primera en Roma en 1936. Y se me quedaron grabadas dos sentencias: "Hacer poesía: esta tarea de entre todas la más inocente"; y "Ponen los poetas el fundamento de lo permanente". También recuerdo y quedó grabado en mi alma: "Lleno está de méritos el Hombre; mas no por ellos sino por la Poesía hace de esta tierra su morada." Advierto para que esta frase no genere polémicas, que desde que se conoce la palabra «hombre», esta proviene del latín *homo, hominis*, que significa ser humano y se refiere a hombres y mujeres.

Las palabras y las imágenes son los personajes, las cosas y las historias. El escenario es la página en blanco. Es un privilegio escribir esta nota en presentación del poemario de Ernesto Marrero, cuando se escribe un libro como este se vuelve perdurable.

©Carmen Cristina Wolf

Caracas 2024

PREFACIO

"Que la muerte y el exilio, y todas las demás cosas
que parecen terribles, estén a diario ante tus ojos,
pero sobre todo la muerte; y nunca abrigarás
un pensamiento abyecto, ni codiciarás ansiosamente nada."

Epicteto (55-135 d.C.), El Enquiridión

La impermanencia es un concepto clave en diversas religiones y filosofías de vida. Nos dice que todo está en constante transformación, que nada es para siempre, ya sea en relación con nuestra realidad exterior como en la interna. En la mente los pensamientos van y vienen, son cambiantes, pasa uno y luego llega otro, y cada uno de ellos produce un tipo de emoción que afecta nuestro organismo. De la misma manera, todos los objetos compuestos sufren un continuo cambio de condición y están sujetos a la decadencia y a la descomposición. Tanto el microcosmos como el macrocosmos se encuentra en un incesante cambio: el átomo, la molécula, la célula, los tejidos, los planetas, las estrellas y las galaxias, todo se forma y se destruye. Baila la vida con su indetenible danza de creación y destrucción, a la que los hinduistas le denominaban la danza del dios Shiva o danza de la dicha furiosa; en la que Shiva se representa como Nataraja, el danzante divino.

El ser humano es la única criatura en la Tierra que posee una conciencia de finitud, y de alguna manera sabe que su paso por este mundo es temporal, que tarde o temprano tendrá que abandonarlo. Decía Arthur Schopenhauer "El animal vive sin conocer verdaderamente la muerte: por eso el individuo animal disfruta inmediatamente del pleno carácter imperecedero de la especie, en tanto que solo es consciente de sí como algo sin fin. En el hombre, con la razón, comparece la espantosa certeza de la muerte."[1] y a su vez, esto le genera una angustia existencial o tensión constante, mientras camina por la delgada cuerda de la vida, que siempre termina por romperse.

El *Maha-parinibbana Sutta* nos cuenta que antes de fallecer, Buda les preguntó a sus discípulos si tenían alguna pregunta para hacerle, pero ellos permanecieron en silencio, entonces el maestro les dijo: "Todas las cosas condicionadas están sujetas a desaparecer, busquen constantemente su liberación".

Hablar de la muerte pudiera parecer deprimente, pesimista o amargo, y existe un gran número de personas que prefieren hacer justo lo contrario, aferrarse a la idea de una vida sin extinción y evitar hablar de ella; algunos juegan al escondite y hasta deciden no pronunciar su nombre para no crear un mal augurio. Para ilustrar esta idea pudiéramos hablar de Sísifo, un personaje de la mitología griega que logró burlar a la muerte en varias ocasiones. En una primera oportunidad fue llevado al Inframundo por el dios Tánatos, y allí le pidió que le enseñara a manejar las cadenas con las que sería sujetado, pero hábilmente pudo engañarlo. Con gran rapidez lo encadenó y así escapó al mundo de los vivos. Cuando le tocó morir por segunda vez le pidió a su esposa Mérope que arrojara su cuerpo a la plaza pública, y desde allí fue arrastrado por las aguas hasta las costas del río Estigia, que colindaba con el mundo de los muertos.

---

[1] Schopenhauer, Arthur. *El mundo como voluntad y representación*, Vol II. Madrid: Fondo de Cultura Económica, 2005. p. 446

Sísifo se acercó a Perséfone, reina del Hades, y le informó que su esposa lo había ofendido al no honrarlo con un funeral. Perséfone le concedió permiso para regresar al mundo de los vivos y escarmentarla, siempre y cuando regresara una vez terminada su labor. Como era de esperar, Sísifo rompió su promesa y se volvió a quedar, burlando nuevamente a la muerte. Pero esta vez Hermes fue a buscarlo, y se le impuso como castigo, el tener que cargar una roca por una colina, y cuando llegara a la cima la roca volvía a caer y Sísifo debía comenzar nuevamente a subir la cuesta, una y otra vez, por toda la eternidad.

Como podemos percibir en este mito, escapar de la muerte es imposible, tan solo queda aceptarla y relacionarnos con su presencia, así mismo, percibir la finitud de la vida y entender la impermenencia como un proceso que es parte de la naturaleza.

En realidad, existen numerosas razones que pueden justificar el temor a la muerte, en primer lugar, poseemos un instinto de conservación que va a luchar para que la vida continúe y evite dicho final, tenemos también el miedo ancestral a lo desconocido, a aquello que pueda existir después de esta vida, a esa experiencia oculta e inescrutable, o peor aún, a que no exista nada y tan solo desaparezca nuestra conciencia con el cerebro. Por otro lado, se encuentra el temor a las enfermedades y el sufrimiento previo al fallecimiento, también hay un rechazo a la soledad que produce la antesala de la muerte, y por último podemos hablar de la angustia de saber que nos apartaremos de nuestros seres queridos y que no podremos cumplir los planes que teníamos planteados para un futuro. Todos estos puntos son ciertos y marcan una justificación al tratar de evitar este inevitable ocaso, pero no por eso dejará de llegar, ni de sorprendernos con la partida de un ser querido. Bien lo expresó el filósofo Michel de Montaigne en su ensayo *Que filosofar es prepararse para morir*: "Unos vienen, otros van, trotan estos, danzan aquellos, pero de la muerte nadie nos informa. Todo es muy hermoso. Pero cuando el momento llega, a propios y extraños, a sus mujeres, hijos y amigos, los sorprende y los coge de sorpresa y como al descubierto. ¡Y qué tormentos, qué gritos, qué rabia y qué desesperación se apodera de todos! ¿Visteis alguna vez nada tan decaído, cambiado y confuso? Es necesario, por tanto, andar prevenido"[2].

No obstante, todo va a depender del enfoque que le demos al concepto de la muerte, porque lo cierto es que somos seres finitos, que estamos de paso por este mundo, y tenerla siempre presente, puede acarrear efectos muy positivos en nuestra vida. Ya lo indicó Viktor Frankl cuando nos comentó que el temor a la muerte solo puede afectar a aquellas personas que no saben cómo aprovechar el tiempo que se les concede para vivir.

El tratar de buscarle una explicación a este inevitable final, ha movido la imaginación y la investigación del ser humano para encontrarle un sentido a la vida. Debido a la muerte nacieron los primeros mitos y de aquí las religiones. El temor a los embates de la naturaleza, que en cualquier momento podían arrasar con una población ya sea por un tsunami, un deslave, un terremoto, una inundación o la explosión de un volcán, llevó a pensar que estos fenómenos se producían por el enojo de seres invisibles que castigaban a los humanos por sus malas acciones. Llevados por la intuición, y algunos por los oráculos, poseían la confianza de que estas personas fallecidas se dirigían a otros mundos inmateriales, donde vivirían según su comportamiento y por las obras plasmadas en vida (sean buenas o malas).

Vale la pena citar un ejemplo de cómo la mitología griega, de las más ricas en cuanto a mitos, trataba el tema de la muerte. Para los griegos, el dios Tánatos representaba a la muerte esperada, la que llegaba con serenidad, también era el hermano gemelo de Hipnos, el sueño, ya que al dormir la persona quedaba en un estado similar al de un cadáver. El dios Ker o las Keres, espíritus femeninos sangrientos y aterradores, se relacionaban con la muerte violenta.

---

[2] Montaigne. *Ensayos escogidos*. Madrid: Edaf, 2010. p. 59

Del dios Tánatos se origina la palabra "tanatología", que es definida como el conjunto de conocimientos médicos relativos a la muerte. No obstante, partiendo del principio etimológico de esta palabra, podemos observar que Tánatos se vincula realmente con la muerte esperada, a la que llega con serenidad. Pero para el caso de la muertes violentas o inesperadas, deberíamos referirnos a las Keres o al dios Ker, por eso es importante crear una diferenciación entre estas muertes, y para esto he propuesto la palabra "kereología" o "kerelogía", que se vincula con las muertes producidas de forma trágica o inesperada.

Siempre esta partida del mundo físico se producía por causa del inevitable destino, y este estaba regido por las Moiras, que eran tres mujeres: Cloto, Láquesis y Átropos. Cloto era la hilandera, la que hilaba la hebra de la vida, Láquesis se encargaba de medir con su vara la longitud del hilo de la existencia del mortal y Átropos era quien lo cortaba con su filosa tijera. De esta manera el alma se dirigía al Hades, región donde habitaban las almas de los difuntos. Después de pasar por el río Estigia, guiados por el viejo Caronte en su barca, llegaban a encontrarse con el furioso perro de tres cabezas llamado Cancerbero, y con tres jueces que determinarían si el cúmulo de acciones realizadas en la Tierra se inclinarían hacia el lado positivo, con lo cual se dirigirían a los Campos Elíseos o a las Islas Afortunadas, o si les tocaría descender al Tártaro, donde sufrirían penas inimaginables por sus faltas.

De la misma forma en que los mitos y la muerte caminaron de la mano con los griegos, también lo hicieron los romanos, celtas, egipcios, incas, mayas, aztecas y diversas tribus africanas, solo por mencionar algunas culturas en el hilo de la historia. Estas civilizaciones intentaban cerrar la insondable brecha que se abría entre el mundo sagrado y el mundo profano.

"El paso del mito al logos" y, en consecuencia, el nacimiento de la filosofía, también apareció como una forma de vivir en compañía de esta inevitable partida. En el Fedón, Sócrates le dice a

Simmias: "los que de verdad filosofan, Simmias, se ejercitan en morir, y el estar muertos es para estos individuos mínimamente temible"[3]. Cicerón también aseveraba, de manera similar, que filosofar no es otra cosa que prepararse para la muerte.

De manera similar a Sócrates, Buda les decía a sus seguidores: "Incluso la muerte no debe ser temida por alguien que ha vivido sabiamente". En el *Sutta Satipatthana*, cuando Buda se refiere a *Las nueve contemplaciones del cementerio*, les explica a sus discípulos: "Asimismo, monjes, cuando un monje ve un cuerpo que lleva un día muerto, o dos días muerto, o tres días muerto, hinchado, amoratado y putrefacto, tirado en el osario, aplica esta percepción a su propio cuerpo de esta manera: «Es verdad que este cuerpo mío tiene también la misma naturaleza, se volverá igual y no escapará a ello»." De esta forma, Buda continúa invitando a los monjes a que prosigan su contemplación con diferentes cuerpos en descomposición en el cementerio, unos devorados por cuervos, buitres, perros y chacales, otros por gusanos e insectos, hasta que se convierten en esqueletos. Y así los conduce hacia el contacto con una cruda realidad que, tarde o temprano, tendrá que pasarle a su organismo.

Varias escuelas griegas vivieron con la conciencia de la fugacidad de la vida, pero en especial resalta el estilo de vida de los estoicos que, dentro de sus prácticas, enfatizaron en el llamado "*Memento mori*", una expresión latina que significa: "recuerda la muerte". En este sentido, los estoicos vivían con el convencimiento de que podían fallecer en cualquier instante, y caminaban de la mano con el concepto de la impermanencia. Por eso debían aprovechar la vida en momentos sustanciosos que ayudaran a la sociedad o que les permitieran crecer internamente hasta conseguir la ataraxia, esa forma de autonomía mental que procede de la carencia de necesidades y la indiferencia ante las riquezas y bienes materiales. También es importante aclarar que la ataraxia se caracteriza por la

---

[3] Platón. *Diálogos I*. Barcelona: Biblioteca básica Gredos. 2000

ausencia de deseos o temores, lo cual conduce a una gran serenidad, imperturbabilidad o paz interior.

Epicteto, uno de los máximos representantes del estoicismo, junto a Séneca y Marco Aurelio, llegó a decir: "¿Cómo te gustaría que te sorprendiese la muerte? En lo que a mí respecta, yo quisiera que me sorprendiese ocupado en algo grande y generoso, en algo digno de un hombre y útil a los demás; no me importaría tampoco que me sorprendiese ocupado en corregirme y atento a mis deberes, con el objeto de poder levantar hacia el cielo mis manos puras y decir a los dioses: «He procurado no deshonraros ni descuidar aquellas facultades que me disteis para que pudiera conoceros y serviros. Este es el uso que he hecho de mis sentidos y de mi inteligencia. Además, nunca me quejé de vosotros ni me irrité contra lo que me mandasteis, fuese lo que fuese»"[4].

El *Memento mori* conlleva a buscar una actitud que nos impulse a tener ganas de vivir intensamente, a vivir en el presente y a aprovechar a fondo nuestro tiempo, a entender que el Titán Cronos nos está devorando desde el momento en que nacemos y que por esto debemos sentir la vida como un regalo o una bendición. En otras palabras, nos lleva a conectarnos con la expresión latina *Carpe Diem, Tempus Fugit*, del poeta Virgilio, que significa "aprovecha el día, el tiempo vuela" o pudiéramos decir que el tiempo huye y desaparece. Y es que los días vividos fueron momentos que quedaron en nuestros recuerdos pero que no regresarán.

Recordar que somos mortales nos da una perspectiva más realista de nuestra existencia, y nos ayuda a percibir la importancia real que tienen las cosas y situaciones que nos rodean. Las preocupaciones superficiales se posicionan en un segundo plano, dejan de afectarnos como antes y damos más importancia a materializar los sueños más profundos y a tratar de convertirnos en personas virtuosas.

---

[4] Epicteto. *Máximas*. Buenos Aires: Losada, 2007. p. 121

Otro personaje importante dentro de la filosofía griega, que no podemos dejar de mencionar, es a Epicuro, precursor de la corriente epicureista, para quien la aceptación de la muerte era muy importante, ya que la percibía como parte de un proceso normal de la vida y decía que no le temiéramos porque mientras estemos vivos ella no está, y cuando ella llegue ya nosotros no estaremos. En una oportunidad, cuando la muerte estaba tocando sus puertas, le escribió una carta a su discípulo Idomeneo de Lámpsaco que comenzaba diciendo: "En este día feliz de mi vida, en que estoy en trance de morir, te escribo estas palabras..."[5] Toda una muestra de poseer una elevada conciencia sobre el concepto de la muerte y la temporalidad.

En el pensamiento contemporáneo de ciertas religiones y filosofías orientales encontramos, de manera similar a estas corrientes de pensamiento griego, a personas preparándose para tomar con sabiduría la inevitable transición de la muerte. En su libro *Enseñanzas para morir en paz*, Ramiro Calle nos cuenta una interesante experiencia: "Hace años hallé en Nepal a un viejecillo que, al atardecer, pedía unas rupias para comprar madera destinada a su propia incineración. Estaba asombrosamente tranquilo, sin perder su tenue sonrisa. Murió aquella noche y vi cómo incineraban su cuerpo al día siguiente. Puedo asegurar que ese hombre no sentía el menor temor a la muerte"[6].

Además de la Filosofía, la muerte ha servido de inspiración para la poesía, la literatura, el arte, el teatro y ciertas áreas del saber cómo la Psicología, la Psiquiatría, la Física y la Teología.

En este sentido de ideas, cabe subrayar, el aporte tan significativo que han hecho muchos médicos e investigadores en los estudios de las experiencias cercanas a la muerte (ECM), que empezaron a sonar en el año 1975 con aquel famoso libro titulado *Vida después de la vida*, escrito por el doctor Raymond Moody.

---

[5] Mosterín Jesús, *Helenismo*. Madrid. Alianza Editorial., S.A. 2007. p. 57

[6] Calle Ramiro, *Enseñanzas para morir en paz*. Madrid. Ediciones Jaguar, S.A. 2001. p. 79

Aunque ya para el año 1969 se había revolucionado el mundo de los cuidados a enfermos terminales con el célebre libro de la doctora Elizabeth Kübler-Ross: *Sobre la muerte y los moribundos*, en el que se establece el *modelo Kübler-Ross*, que pasará a la posteridad como las cinco etapas del duelo (negación, ira, negociación, depresión y aceptación). Estos dos pioneros, iniciaron los estudios de los relatos que contaban muchos de sus pacientes que se estaban despidiendo de este mundo y también de los que fallecían clínicamente, pero lograban regresar. Además de relatar las vivencias de estas personas, describían los cambios en su comportamiento al enfrentar este ineludible desenlace. Notaban que percibían la vida como un trayecto temporal, aprovechando al máximo cada momento. Además, experimentaban un aumento en la confianza en sí mismos y en su propósito vital, disminuía su miedo a la muerte, fortalecían su espiritualidad, sentían mayor compasión por los demás, y valoraban profundamente su existencia, mientras mostraban menor interés por las posesiones materiales.

Muchos otros investigadores han proseguido con dichos estudios para generar interesantes aportes sobre el tema, como es el caso de Pim vam Lommel, Bruce Greyson, Eben Alexander, Manuel Sans Segarra, Sam Parnia, Kenneth Ring y Peter Fenwick, solo por mencionar algunos.

Es importante señalar que años atrás, la muerte se manifestaba con una especie de ritual más íntimo, más cercano. Las personas fallecían en casa, junto a su familia, en presencia de los niños, amigos y vecinos. El acto de morir era, por tanto, un hecho asumido desde la infancia. Desde niño, se podía percibir el dolor que producía la muerte de los seres queridos y la forma en que cada uno se preparaba para morir y afrontar la última despedida. Este tipo de vivencias acercaba más a las personas al pensamiento de la muerte. Por otro lado, el tiempo de vida era más corto; y debido a esto nos encontramos en la historia con personas muy jóvenes, según nuestro concepto actual, que ya habían caminado un largo trecho de realización personal, y que habían rellenado los espacios de su vida con una cantidad de contenido sustancioso. Porque una cosa es la cantidad de tiempo que podamos vivir y otra la calidad de tiempo vivido. Ya lo aclaró Séneca en su texto *Sobre la brevedad de la vida*, cuando dijo: "No hay motivo para pensar que cualquiera haya vivido largo tiempo, porque le salieran las canas o porque lo veamos con la cara arrugada; este no vivió largo tiempo, sino que estuvo largo tiempo en la Tierra"[7]. Y esto es importante en la actualidad porque, a sabiendas de que la medicina ha alargado un poco más nuestro tiempo en este mundo, muchos ocultan el pensamiento de la mortalidad y postergan sueños y proyectos para después, un después que tal vez nunca llegue.

Así mismo, la cantidad de información con la que nos bombardean por las redes sociales y el internet, en general, tiende a desviarnos del autoconocimiento y del proceso de realización personal, con lo cual desperdiciamos nuestro valioso tiempo de vida en huecas rutinas que terminan por convertirnos en seres de sonrisa falsa y vacío interior. Por eso el mismo Séneca se refirió al respecto con estas palabras: "La vida es suficientemente larga y se nos ha concedido con libertad para que pudiésemos terminar las empresas de mayor importancia, si toda ella se emplease debidamente. Pero cuando se desperdicia indolentemente entre placeres y lujos, cuando se gasta en cosas inútiles, llega por fin el último momento que nos obliga a reflexionar, y entonces nos damos cuenta de que ha pasado, sin llegar a comprender cómo ha sido"[8].

Hoy solemos ver a la muerte como algo que sucede lejos de nosotros, en los hospitales, cementerios y funerarias, donde el cuerpo es maquillado y preparado en un ataúd, para luego ser enterrado o cremado y así romper lo más pronto posible con ese duro recuerdo, con esa cruda realidad. En otras palabras, es un acto frío y comercial. Si se tomara conciencia de que todos envejeceremos y, en consecuencia, moriremos en algún momento, se convertiría en una

---

[7] Séneca. *Sobre la felicidad, Sobre la brevedad de la vida*. Madrid: Edaf, 2008, p. 157

[8] Ibid.,p. 138

política de Estado la construcción de modernos y confortables asilos para ancianos y geriátricos gratuitos, para todos los que deseen retirarse y esperar su travesía final en este mundo. En estos lugares debería reinar la alegría, la paz y la reflexión, además de la orientación necesaria para enfrentar cualquier tipo de angustia que se presente y esperar con calma la última expiración.

Lamentablemente, la sociedad actual no está diseñada para familiarizarnos más a fondo con el concepto de la muerte, sino para evadirlo, es una actitud de rechazo y ocultación. Una visión que debería estudiarse más en las escuelas y universidades, pero el tecnicismo social, el afán de la producción mercantilista y la acumulación de bienes materiales se impone. Los gobiernos invierten millones de dólares en entrenar a ejércitos para que maten y destruyan a otras personas, en la compra o fabricación de armas de guerra, proyectiles, bombas, aviones, barcos y submarinos, cuando saben que existen millones de personas que pasan hambre, se enferman, carecen de una educación básica o viven en situaciones de miseria. Asimismo, invierten poco o nada en enseñar sobre la finitud de la vida, en la toma de conciencia sobre la importancia que posee cada ser humano en este mundo y en el aporte que este puede dar en su tiempo histórico.

Tal vez esto suene muy utópico o romántico, pero esas mismas escuelas deberían enseñar y profundizar en el concepto de la otredad, el amor y la compasión al prójimo, no como un acto religioso, sino como uno virtuoso que vaya aplacando la avaricia y el egoísmo que habita en nuestros corazones, además de otros tantos vicios que tiñen de negro este mundo. Pero en una sociedad que rinde culto al cuerpo, al hedonismo y a la vida material, es inevitable que pensemos que debemos vencer la batalla contra la vejez y la muerte para vivir una eterna juventud. Por eso queremos apartar la visión de la muerte de nuestra existencia, lo cual se convierte en una utopía que, a la larga, nos conlleva a una vida superficial, adormecida y sin sentido.

Así lo dio a entender el escritor Humberto Eco, en su artículo *Baile en torno a la muerte*:

> (...) ¿qué les enseñamos a nuestros contemporáneos hoy en día? Que la muerte ocurre lejos de nosotros en los hospitales, que los dolientes no tienen necesariamente que acompañar al ataúd al cementerio, que ya no vemos a la muerte. O, más bien, que la vemos continuamente: personas golpeadas, baleadas o despedazadas en explosiones; hundidas en el fondo del río con los pies envueltos en concreto; tiradas sin vida en la acera, con la cabeza rodando en la cuneta. Pero ésos no son ni prójimos ni queridos: son actores. La muerte es un espectáculo; por supuesto en el cine y la televisión, pero también en la vida real. Devoramos las noticias de los medios sobre la muchacha que fue violada y asesinada, o sobre las víctimas de un asesino serial. No vemos los cuerpos torturados, pues eso nos recordaría a la muerte en sí. Más bien vemos a los amigos llorosos que llevan flores a la escena del crimen u organizan una vigilia a la luz de las velas. O, mucho más sádico, vemos a los reporteros que tocan a la puerta de una madre en duelo para preguntarle qué sintió al enterarse del asesinato de su hija. La muerte en sí se muestra sólo de manera indirecta, a través del dolor de los amigos y los padres, lo que nos afecta menos visceralmente. La muerte ha desaparecido en gran medida de nuestro horizonte de experiencia inmediato. El resultado es que habrá más gente aterrada cuando llegue el momento de enfrentarse al evento que ha sido nuestro destino desde el nacimiento. Un destino que los hombres sabios dedican toda su vida a aceptar.[9]"

[9] Eco, Umberto. *Baile en torno a la muerte*. Diario en línea *Infobae*. 2012 https://opinion.infobae.com/umberto-eco/2012/12/07/baile-en-torno-a-la-muerte/index.html

Este espectáculo, al que se refiere Humberto Eco, es algo que experimentamos a diario en nuestras vidas. Información de numerosas muertes que nos llega a través de las noticias nacionales e internacionales por los medios de comunicación, ya sea por guerras, crímenes, desastres naturales, epidemias o hambrunas. Decesos que son medidos por los periodistas o analistas especializados, como estadísticas, índices o simples porcentajes. Son números que tratan de explicar un suceso, es decir, una especie de abstracción mental que se olvida del sufrimiento que hay detrás de cada una de esas muertes. Estos cálculos se manifiestan hasta que muere un familiar o un ser querido muy cercano, entonces el dolor muestra el verdadero rostro del ser humano. En su libro *El hombre y la muerte*, el filósofo francés Edgar Morín nos explica: "El dolor provocado por una muerte no existe más que cuando la individualidad del muerto estaba presente y reconocida: cuanto más próximo, íntimo, familiar, amado o respetado, es decir «único» era el muerto, más violento es el dolor; sin embargo, poca o ninguna perturbación se produce con ocasión de la muerte del ser anónimo, que no era «irremplazable»"[10].

Fragmentos de impermanencia es un poemario que aborda este concepto de la transitoriedad, la conciliación entre la vida y su final, un sentido profundo que, como humanos, podemos hallar de esta realidad inevitable.

Es necesario que esta temática tan esencial sea abordada de una manera abierta, no solo por la poesía sino por las diferentes ramas del pensamiento, y digo de manera abierta, porque la sociedad busca tapar el sol con un dedo, o escupirle al sol como Narciso, para tratar de esconder a la muerte de nuestro lenguaje cotidiano hasta que la realidad venga a visitarnos y nos abra los ojos, aunque sea por corto tiempo, y luego el sistema nos absorba nuevamente.

Así lo expresó el poeta Luis Enrique Mármol, con su poema *Todos iban*:

---

[10] Morín Edgar. *El hombre y la muerte*. Barcelona: Editorial Kairós, 1974, p. 31

Todos iban desorientados
perseguían un objetivo próximo;
unos iban a su trabajo,
otros al trabajo de otros...
Los ojos errantes y vagos,
hacia la mancha de los pinos
cruzó indolente un enlutado...
—A dónde vas?
—No sé —me dijo.
Todos iban desorientados,
y el enlutado hacia sí mismo!

Nuestro pensamiento autónomo se encuentra envuelto por un sistema social que nos fabrica los pensamientos y los deseos. Somos pensados por este sistema que nos adormece con su rutina cotidiana, manejados por ejes de poder que quieren tratarnos como simples marionetas o títeres, y así nos crean pseudo-responsabilidades, placeres superfluos, novedades, modas y tendencias que nos atrapan en una especie de bucle, que se repite y se vuelve a repetir.

Necesitamos sociedades menos obsesionadas con el materialismo y más comprometidas con la importancia de la conciencia, la moral y la ética, como pilares fundamentales para construir entornos más humanos; donde la solidaridad, el altruismo, la humildad, el honor, la dignidad, la compasión y en general la virtud, emerjan como los principios rectores de los ciudadanos. Sociedades que entiendan al dinero como un complemento importante en la vida, ya que su función es de lubricar la economía, pero no es un fin en sí mismo. En donde prevalezca el ser sobre el tener y sobre la apariencia; en las que se utilicen a las redes sociales como espacios educativos para cultivar valores y medios para difundir información a nivel global, en lugar de convertirse en simples plataformas de entretenimiento, algunos triviales y otros muy ridículos, por cierto, centrados básicamente en la búsqueda de seguidores o likes. Sociedades que nos enseñen a ser responsables de nuestro momento histórico, al cual todos debemos aportarle, porque somos parte de una generación que moldea los preceptos sociales que se delegarán a la posteridad.

La existencia se presenta como un viaje incierto y efímero, quizás una travesía que, al igual que la de Odiseo, debemos atravesar con sus múltiples experiencias, dificultades, aventuras y enseñanzas. Es un camino, marcado por las diferentes etapas que nos presentan los años, una vereda llena de contrastes, donde nos aguardan paisajes idílicos y desafiantes obstáculos. En este vaivén de luces y sombras, es crucial emplear las mejores habilidades que poseemos para sobrevivir y, al mismo tiempo, comprometernos con nuestro momento histórico, mientras exploramos nuestro ser en búsqueda de crecimiento y superación personal.

En el poema *Impermanencia*, de mi libro: *El tiempo y su legado*, expreso este paso por la senda de la vida y las huellas que, ineludiblemente, todos dejaremos al final de la travesía, ya sean trascendentes o irrelevantes, buenas o malas. Aquí un extracto del mismo:

Pasan los años, y la ola del tiempo avanza
sobre el océano de la incertidumbre.
Pasan días, meses, años y centurias
y la esfinge del destino se presenta indetenible.
Pasa la primavera, el verano, el otoño y el invierno,
brilla el sol y luego se oculta, las hojas se secan y caen
y una brisa helada empaña nuestros corazones.
Pasa la infancia, la juventud y llega la vejez con sus dolencias
llega la piel resquebrajada y las mejillas flácidas
la visión nublada y la espalda encorvada
llega el cansancio y los lamentos pretéritos
... llega el final de la jornada

Pasa una existencia, una vida que se extingue como una llama
una vida que se desliza hacia el laberinto de la eternidad...

Y quedarán marcadas sus huellas en el polvo de la historia:
inseguras o firmes, ligeras o pesadas, falsas o sinceras.
Y quedará, tal vez, una imagen, un suspiro o un triste mausoleo

Todo, todo pasa en esta vida
... solo quedan los recuerdos

Vencer a la muerte es una utopía, a unos le toca partir jóvenes y a otros más viejos, pero, en definitiva, a todos nos toca partir de este mundo. Con razón dice la Biblia: "Pues polvo eres, y al polvo volverás"[11]. Por eso el tener a la muerte como una aliada en la vida, tal vez como una amiga que nos recuerde constantemente que estamos de visita en este mundo, puede convertirse en una gran oportunidad para vivir. Esta conciencia nos llevará a ser menos apegados a las cosas materiales, más humildes y menos arrogantes, porque entendemos nuestra fragilidad, a examinar nuestro comportamiento y corregir los errores, a hacer aquello que nos llene y dejar de perder el tiempo en cosas triviales por estar sumergidos en la sempiterna rutina de la cotidianidad que nos conduce al adormecimiento, y nos lleva a comportarnos como zombis en una sociedad desorientada. A no dejar pasar los días como si fuéramos a vivir para siempre y a no postergar para un futuro incierto y vacilante, lo que para nosotros es importante ahora. En otras palabras, a preguntarnos si estamos cumpliendo con la emblemática frase del Mahatma Gandhi que nos invita a vivir como si fuéramos a morir mañana y a aprender como si fuéramos a vivir para siempre.

Comprender el concepto de la impermanencia puede tener profundas repercusiones en nuestra percepción de la existencia y en la relación que mantenemos con el mundo que nos rodea y con nosotros mismos. Al aceptar la transitoriedad de todo, podemos cultivar una mentalidad de desapego, equilibrio emocional y compasión. Asimismo, nos insta a abrazar el cambio como una parte inherente y natural de la vida, incentivándonos a vivirla con plenitud y agradecimiento. *Fragmentos de Impermanencia* es un libro que

---

[11] Génesis 3: 19

invita, a través de la poesía, a despertar de la agobiante rutina diaria y a desarrollarnos como individuos más genuinos, conscientes de nuestra finitud y de la libertad que en ella habita.

Reloj, testigo mudo de la Impermanencia

En el silencio etéreo de mi habitación
un reloj marca el incesante paso
de minutos que desaparecen.
Cada tic-tac, eco perenne que se aleja,
un recordatorio del galope de la vida.
Sus manecillas giran, volando en un ciclo eterno
... cantan el himno de las horas fugaces

Este reloj, testigo mudo de la Impermanencia,
se ríe de mis planes futuros
y en su esfera cuenta historias
de anhelos, logros y desdichas

Cronos, ladrón astuto y sigiloso
roba mis instantes, puertas y calendarios,
siega mis ilusiones con su guadaña.
Él me deja con valiosos recuerdos
y la enseñanza de que la vida, como este reloj,
mantiene su indetenible ritmo

Así, al sentir el bombeo del corazón del tiempo
advierto la urgencia de vivir a plenitud,
porque el reloj no se detiene
por un lamento ni por una súplica.
Solo me enseña que el esperado mañana
es jardín de incertidumbres
y el ahora... mi única certeza

La danza de los Instantes

Shiva Nataraja, representa al dios hindú Shiva como el danzante divino, se considera el movimiento de la creación, la destrucción y la preservación. Todos danzamos con Shiva "La danza de los instantes" y él con nosotros.

En el fastuoso escenario de la vida,
donde los días se entrelazan
como delgados filamentos de seda,
bailamos la danza de los instantes

Somos comediantes fugaces en un eterno drama,
nuestros corazones palpitan al ritmo del tiempo
y nuestras almas, como aves errantes,
buscan significado en cada giro, en cada vuelo

¿Qué es la vida sino un suspiro en el infinito,
un rumor en la inmensidad del cosmos?
Somos fragmentos de galaxias, polvo interestelar,
maderos semiconscientes que flotan
sobre un océano de asombros y misterios

Los días se deslizan como vagones de un tranvía
y en cada estación encontramos nuevos parajes.
La risa y el llanto, la esperanza y el desaliento
escriben el texto de nuestro ser

¿Acaso somos marionetas en manos invisibles
o tal vez artesanos de un destino que forjamos?
Quizás la verdad yace más allá de la razón
más allá de los fenómenos
… más allá de esta conciencia

Así danzamos, entre luces y sombras,
entre preguntas sin respuestas y sueños sin límites.
La vida, como ensayo inacabado,
nos invita a escribir frases con pasión y gallardía.

Y cuando llegue el último párrafo,
cuando las letras se agoten y el texto se cierre
esperaremos haber sembrado un claro mensaje,
que hayamos amado, aprendido y dejado huellas.
Que podamos partir sin las cenizas del olvido
sin la niebla del lamento ni la sombra del pesar

Porque en este efímero escenario
somos más que carne, huesos y opiniones
más que piezas de un ingente rompecabezas
somos almas que deambulan hacia la eternidad

Senderista

Como viajero efímero y errante
recorro los senderos de la naturaleza.
Mis huellas se entrelazan con los suspiros del viento
y mis ojos, ventanas hacia el mundo,
contemplan la claridad de los ríos
y la majestuosidad de las montañas

En la búsqueda de significados profundos
me convierto en complejo verso,
en poema cósmico
en personaje de bosques ancestrales

Y así, entre cumbres, cañadas y precipicios
voy tejiendo la trama de mi existencia...
Un enigma en el que la naturaleza y el ser
se abrazan con pasión y misterio

Buenos poemas

Siempre hay poemas de notas profundas
… siempre hay buenos poemas

Poemas que encuentran universos
y tocan melodiosas liras
poemas de hilos metafísicos
que bordan el tapiz de la realidad
poemas que exorcizan a los demonios
... disipan las densas tinieblas

Son los poemas que abren las verjas
y liberan al centauro de la reflexión

Poemas que subyugan al tiempo
cuando se visten de inmortalidad
poemas que calman tempestades
o se convierten en ellas
poemas que marcan huellas
en las trincheras del alma

Son poemas de notas profundas
… son los poemas buenos

Un día sin poema

Hoy quise escribir un poema
y no pude…
se diluyó por los poros
de la nada eterna
o se detuvo a contemplar al mundo
mientras Cronos lo devoraba,
o tal vez se montó en un avión
o en una balsa
buscando una ilusoria libertad
o se fue a aconsejar algún corrupto
para que tomara el camino
de la virtud,
o a consolar al afligido
golpeado por la roca del dolor
o se escondió en mi mente
detrás del muro
de las dudas y los lamentos

... No lo sé

Tal vez se deprimió
en el suburbio de la indiferencia
o se diluyó en la rutina cotidiana
o se quedó atrapado en las redes
esperando un like o un seguidor

Aunque yo creo que se fue
con las metáforas,
las elipsis y los símiles
a beberse mis versos en un bar
y se olvidó de visitarme

Mañana intentaré
invitarlo nuevamente
a reunirse con mis letras
y mi inspiración
... Ojalá se acuerde
de este solitario poeta

Paciencia, cincel que talla nuestra piedra

Ave de extensas alas que el tiempo fortalece
y cruza el valle de la desesperanza.
Barrera que protege del azote ciego de la ignorancia
… bálsamo ante las máscaras que ocultan la verdad

No es un sprint, sino maratón silente
donde los segundos se vuelven suspiros.
Ella es quietud en el ojo de la tormenta
calma que soporta las viejas cicatrices

La paciencia no es pasividad sino sabiduría,
es cincel que talla nuestra piedra
es el murmullo de los siglos, la voz de los sabios
que susurra: "Todo llegará a su tiempo"

Su naturaleza es como la del río que fluye:
incesante y sin prisa,
mientras erosiona la roca más dura
hasta convertirla en suave arena

Es la melodía que se compone
nota a nota… sin apuros.
Cada pausa y silencio es crucial
para que la armonía se despliegue con gracia

En la paciencia hallamos eternidad,
refugio donde los relojes se detienen
lienzo en blanco donde el destino esboza
con trazos lentos, su obra maestra.
En la quietud descubrimos que la vida es un poema,
cada verso se manifiesta con sosiego

y el poeta aprende a esperar su momento

Excelsa virtud, habitas el Olimpo,
te celebro con estas letras sin rima
porque a tu lado hayamos una verdad:
"Que la paciencia es Paz y Ciencia…
Es la Ciencia de la Paz que serena nuestra alma"

El árbol eterno

En un rincón de la infinita memoria
donde el tiempo se desvanece como humareda
se alza un árbol antiguo, retorcido.
Sus raíces hundidas en tierra oscura
sus hojas, como arrugadas manos,
susurran secretos al viento cósmico
mientras que una luna, pálida y melancólica
derrama su luz sobre sus desnudas ramas

Este árbol, testigo silente de incontables historias,
guarda en sus anillos suspiros de amores,
lágrimas de guerreros caídos
alegrías de cielos elíseos
y sueños rotos de almas errantes

Así permanece en su quietud, imperturbable
mientras el mundo gira y cambia sin cesar.
Las sombras danzan alrededor de su tronco
como fantasmas que buscan redención
y sus ramas, que se elevan hacia el cielo,
sostienen las vivencias que otorga la vida

Y cuando llegue el último crepúsculo,
cuando las estrellas se extingan una por una
este árbol seguirá en pie, inmortal,
hilando su leyenda en la memoria de la eternidad

Mujer de ardua faena

En la pradera de la vida, nuestro amor se fortalece,
lluvia, verano y vendavales nutren nuestras raíces
… son las flores del alma que juntos cultivamos

Eres fiel compañera, amiga, confidente
oído ferviente de victorias y desvelos
voz que acompaña mis logros, mis pesares.
Eres cálido nido de reflexiones y experiencias,
cruz que exorciza mis demonios inconscientes
receta que mitiga mis aflicciones
… artesana que moldea mi paciencia

En cada arruga, que el tiempo dibuja en nuestros rostros,
se ve el mapa de las historias que juntos vivimos.
Cada línea un sendero, cada marca una aventura
y en tus ojos, se ve el brillo de la cumbre anhelada

Amor constante es el nuestro, no fugaz destello
brasa que arde lento, pero nunca se consume.
Es saber qué, ante las tormentas del Averno,
tu mano se fundirá satisfecha con la mía
que ante las brechas y los precipicios
prevalecerá el firme puente de la comprensión

Los astros brillan más en nuestro firmamento,
son reflejos misteriosos de un querer sincero.
Mujer de ardua faena, musa que inspira este verso
hechízame por siempre con tu milagroso encanto
y viajemos juntos en el tren de la existencia
hacia la última parada…
                    hacia la eternidad

Impermanencia

Pasan los años, y la ola del tiempo avanza
sobre el océano de la incertidumbre.
Pasan días, meses, años y centurias
y la esfinge del destino se presenta indetenible.
Pasa la primavera, el verano, el otoño y el invierno,
brilla el sol y luego se oculta, las hojas se secan y caen
y una brisa helada empaña nuestros corazones

Pasa un reloj y luego otro, las manecillas marchan
y nadie, nadie las puede detener.
Pasan los circos, pasan los desfiles carnavalescos
y las máscaras yerran lastimeras, desorientadas,
todas disfrazadas de confianza
… de mentirosa certeza

Pasan los pensamientos, los símbolos y las letras
pasan las inspiraciones más profundas
y también los días estériles, inertes,
los días de lucha contra la tirana sociedad
que subyuga con tortuosas rutinas e injusticias
… también eso pasa

Pasan los soles y las noches, las lunas y los insomnios
las risas y las tormentas, las palabras y los silencios
las mentiras y las verdades,
pasan las cosas… todo pasa

Pasa la infancia, la juventud y llega la vejez con sus dolencias
llega la piel resquebrajada y las mejillas flácidas
la visión nublada y la espalda encorvada
llega el cansancio y los lamentos pretéritos
… llega el final de la jornada

Pasa una existencia, una vida que se extingue como una llama
una vida que se desliza hacia el laberinto de la eternidad…
Y quedarán marcadas sus huellas en el polvo de la historia:
inseguras o firmes, ligeras o pesadas, falsas o sinceras.
Y quedará, tal vez, una imagen, un suspiro o un triste mausoleo

Todo, todo pasa en esta vida
… solo quedan los recuerdos

Del poemario "*El Tiempo y su Legado*"

Sonambulismo

¡Cuánto agobia la estridente voz
del ojo miope que simula sapiencia!
De aquel que moldeado por la arcilla
repite los sinsentidos que el sistema
inculcó en su cavernario cerebro.
De aquel que asesinó
la creatividad y la cultura
con la daga de la indiferencia

Sus verbos son gemidos,
estruendosas lenguas
que carcomen mis tímpanos
y exacerban mi hastiado corazón
que anhela una expresión consciente.
Ellos son los sonámbulos del sendero,
aquellos caminantes errabundos
que bailan al ritmo de la danza cotidiana.
Sus palabras son vacías, pueriles,
mercantilistas o resentidas
tan inestables como ruinas
que se desmoronan con el viento

Esos borrachos delirantes
se tambalean por las calles de la vida
hasta caer en la fosa sin retorno,
a la que llegarán sin haber contemplado
el horizonte existencial.
Donde emerge y muere el sol
… donde late la conciencia

Dilema

Ser o no ser
estar o no estar
creer o no creer
pensar o no pensar
he ahí el dilema…

O los dilemas de esta vida

Buscar un terreno fértil
donde sembrar nuestras ideas
y rasgar la bruma que adormece
y caminar nuestras laderas
hacia una cima certera

Saber o no saber
luchar o no luchar
temer o no temer
callar o no callar
ante los azotes de la injusticia
que enturbian nuestro mundo,
y sepultar las mentiras
que ultrajan las verdades…

He ahí otro dilema de esta vida

Encontrar la aguja de la razón
en el pajar de la ignorancia,
y pulir nuestra conciencia
cuando la inconciencia corroe
los metales que nos forman

Oscuros derroteros

En los confines de la mente humana
donde los pensamientos se entrelazan
se alza el egoísmo, insaciable y voraz.
No se revela como hambriento lobo
sino como un susurro sutil que seduce,
como sombra esquiva que se oculta
tras la máscara de la apariencia
mientras devora la nobleza y la compasión

La avaricia, su compañera silente,
teje telarañas de apetitos insaciables
con cuerdas invisibles que aprisionan corazones,
y convierten los sueños en charcos de ambición

El egoísmo y la avaricia son gemelos oscuros
que nos arrastran hacia abismos sin fondo,
donde las luces altruistas se desvanecen
y solo queda el eco sombrío de nuestros deseos.

Así, en una eterna coreografía de sombras y luces
–en la limitada calle de nuestra existencia–
perseguimos la comprensión y el discernimiento
para romper las cadenas del egoísmo y la avaricia
para encontrar la sabiduría del Amor

Solo una hoja

Era una hoja blanca
que me miraba fijamente,
moría de sed y deseaba
que derramara el jugo
de mis letras sobre sus poros

Era una hoja serena, pacífica
… anhelaba mis poemas, mis razones,
ella quería encontrarle un sentido
profundo a su existencia,
esperaba una frase introspectiva
un verbo metafísico
o tal vez una imagen
cargada de reminiscencias

Era una hoja imperturbable, inmóvil
sumida en las etéreas aguas del silencio
… aguardaba su momento,
el día en que una línea
una letra, una palabra, una oración
se pose sobre su superficie
y quede asentada para la posteridad

Era una hoja, solo una hoja
blanca y firme como el mármol
… ansiaba dejar un legado,
quería ser esculpida por un pensador
con el cincel de la trascendencia
para que nunca, nunca la olvidaran

Sueños inocentes

Soñamos con inocencia
que podemos iluminar profundidades
que escalamos una enorme cima
y rozamos los cielos

Soñamos que volamos como halcones
que agitamos las alas con fuerza
y podemos enseñar lecciones
en el aula de la existencia
... pero son sueños, solo sueños

Porque la cima está adentro
… muy adentro
en la olímpica cumbre de la conciencia.
Más allá de las falsas creencias,
de las rutinas y de los mitos sociales
... junto al lago de la impermanencia.
Más allá de los antifaces,
por la empinada cuesta
de la franqueza y la virtud.
Más allá de los antojos,
donde residen los espejos
    … en la morada del Alma

Aflicción

Hay sombras que oscurecen amaneceres
martillos siniestros que golpean certezas,
son olas de barro que cubren las ventanas
y hacen los días interminables,
arenas movedizas que atrapan por horas, años o centurias

¿Serán mensajeros del infierno?
O tal vez muros amargos que debemos trepar
para volver a percibir la luz,
esa luminosidad que a veces sonríe ante las tinieblas
y otras veces se oculta en el hoyo de la desesperación

Atardecer, maestro de la humildad

El cielo bermejo y sosegado
me mostró un sol prudente,
un sol vetusto de hondas grietas
que le sonreía al tiempo
y se fundía con el crepúsculo,
un sol de orgullos doblegados
que compartía sus destellos
sin mezquindad, sin egoísmo,
un sol sabio como un dios
que se despedía mansamente
con las campanas de la tarde.
Él sabía que las ilusiones morirían
pero que al siguiente día…
reiniciaría su jornada

Avisos

"Perder la confianza en el cuerpo es perder la confianza en uno mismo".

Simone de Beauvoir

A veces el cuerpo nos recuerda
que el mar parece sereno,
mas el vendaval de las dolencias
lo agita y se torna peligroso

A veces el cuerpo nos susurra
que hay algo más que encontrar,
mansiones, fortunas y derroches
solo existen en las creaciones de la mente

A veces el cuerpo nos canta su finitud
y se agrieta con las huellas de Cronos
… nos recuerda que es de polvo.
Pasado y futuro son ensueños
porque solo el presente es real

También nos hablan otros cuerpos:
aquellos que vimos caerse en las contiendas
aquellos que esparcieron sus fragmentos al viento
aquellos cuerpos que vivieron sus poemas
… y hoy ya no están a nuestro lado

Desenlace

La barca de los años avanza inexorable
por el océano de la existencia
y las olas agrietan los maderos
que crujen al chocar contra el mar.
Los días vuelan con alas de cera
que el atardecer derrite
con su tibio resplandor

Intento interpretar mi finitud,
el sentido de este arriesgado estrecho
donde me esperan Escila y Caribdis,
una travesía de afilados espejos
que cortan al reflejarme en ellos

¿A dónde iré al final?
¿Qué aguas me esperan
más allá de estos océanos?
No sé si serán sosegadas
o tal vez más turbulentas

No lo sé

Pero el final del trayecto
se divisa cada vez más cercano
–puerto imborrable donde deberé atracar–.
Las Moiras vigilan mis letras
mis imágenes y signos de puntuación
mientras escribo sobre el libro de la vida

… Es un destino inevitable

Ahora los minutos son de espuma

y el salitre de la incertidumbre
juguetea con mis pensamientos.
La brisa de los adioses agita el mar,
es el temporal de Tánatos
que moja la cubierta de mi barco

… A lo lejos se avista
    la llegada de nuevas embarcaciones

Un exiliado

Hoy me siento exiliado
de una tierra que no recuerdo,
de un lugar con edenes mentales
y brújulas coherentes
que alguna vez orientaron mis pasos.
Es un *déjà vu* que martilla mi frente
y perturba mis noches de sueño

Hoy me siento consternado
ante la arcilla de la ignorancia
que moldea las masas,
ante las cadenas de la rutina
que adormecen la visión,
ante las locuras
que viralizan las redes,
ante el veneno de la hipocresía
que entristece mi musa,
ante el estiércol del poder
que contamina al mundo...
ante tantos nubarrones
que opacan la razón

Hoy me siento forastero
sobre este árido suelo
y busco refugio
en el mundo de las ideas
y la fuerza de la reflexión.
Solo imploro una chispa de cordura,
un poco de profundidad
en este arroyo tan superficial
en este sinsentido que me hastía

Hoy quisiera salir de este exilio
y retornar a aquellas tierras olvidadas,
donde la razón y la virtud
encienden amaneceres
y la conciencia … es motor de la humanidad

Poema y Sentido

No podemos aferrarnos solo a las estructuras
porque el Sentido es el alma del poema,
la forma es apenas ropaje, ornamento, decoración
el fondo es raíz, es savia que nutre y crece.

La estructura es esqueleto, armazón
como la edificación que construye el ingeniero,
pero el Sentido insufla la vida
y al final… lo vuelve un andariego

Enigma

¿Cuál es esta fuerza invisible
que a veces me acompaña
y otras veces me abandona?

Fuerza primigenia que alienta mi vida
y encauza mi espíritu
fuerza de puertas, puertos y puentes
fuerza de versos, cuentos y aforismos
fuerza de espadas y copas luminosas
que derrota a la gárgola de la aflicción
y me embriaga con el vino de la calma.
Fuerza titánica que derriba murallas
y abraza la magia del Olimpo

¿Cuál es esta fuerza misteriosa
que me guía desde adentro
y me impulsa a seguir?

Espero que no me abandone
cuando los sicarios del dolor
sirvan su banquete de inclemente pólvora
y me ayude a coser mis heridas
con hilos de aceptación y esperanza.

Fuerza sagrada… sagrada fuerza
camina siempre a mi lado
… hasta el final de mi existencia.

Fragilidad

Un rostro endeble y vulnerable
pudo ver ante el espejo.

Un Odiseo cansado que se aventuró
a navegar por inexplorados océanos
para encontrar su anhelada Ítaca.
Un héroe de ensenadas y arrecifes
que renunciaba a su coraza
y se sumergía en el mar de la humildad,
conquistador de continentes
que ahora solo quería conquistarse

–Tan endebles como aves en la tempestad,
cristales bajo las piedras
burbujas ante una ventisca
recién nacidos ante la cruda vida
… Así somos –dijo, y prosiguió reflexionando–

–Como hijos del Titán Cronos
aguardamos a ser devorados
por una fuerza invisible,
por unas implacables manos
que cortarán el hilo final.
… Así es nuestra finitud, –respiró profundo–

–Pero me queda la dicha
de haber alumbrado penumbras
y rodar mi roca como Sísifo,
navegar bajo tifones
y haber llegado a tierra firme,
caer desde muy alto, como Ícaro

y levantarme de mis ruinas,
cargar mis cruces en silencio
y sonreírle a la desgracia,
haber levantado mi frente
y reconocer mi extensa imperfección

… Después, se volteó sereno
y nunca más se miró ante el espejo

Iluminación

No quisiera morir sin verte,
insondable luz
que corona la conciencia.
Farol que alumbra
las calles de la ignorancia
logras calmar los infiernos
castigar los barrabases
y amansar sus luciferes…

Quisiera reconocer tu presencia
y saborear el néctar de la paz.
No una paz postiza o teatral
ni una paz de seguidores y de selfies
sino una paz genuina, trascendente

Perfume celeste
de inciensos penetrantes,
frecuencia que despierta la sabiduría
y rompe los grilletes de la ignorancia,
escucha mis súplicas sinceras
... muéstrame tus derroteros

Aunque tal vez solo te vea
el día de mi partida,
el día que me despoje
de este cuerpo y sus paradojas.

Ese día cruzaré ligero,
cubierto con tus ropajes
y la mirada hacia lo alto,
satisfecho de haber luchado
contra los aliados

del egoísmo, la mentira y la injusticia,
contra los sicarios
del honor, el respeto y la familia

Sacrosanta luz que desafía
mis aflicciones
y me enseña a valorar cada
grano de esta existencia,
solo tú conoces el día
que podré reflejarme en tu mirada
… solo tú lo sabes

Indecisión

No sé si escribir un poema
o borrar mis letras para siempre
no sé si cantar mis versos
o diluirme en una oscura abstracción
no sé si proseguir sembrando ideas
o acallar mis pensamientos

¡Cuántas dudas vuelan por mi frente
    y se presenta un "no sé" que me desvela!

No sé si acampar en la paz de las montañas
o descender al Tártaro para encontrarme
no sé si desnudarme como Francisco
o cobijarme con el manto de la indiferencia
no sé si abrir las puertas de mi corazón
o encerrarme en el sótano de la desconfianza

No sé qué expresar
no sé qué escribir…
Tan solo sé que no lo sé
y cuando creo saberlo
    vuelve ese "no sé" qué me desvela

Juicio

Que me juzguen las leyes universales:
los tribunales del Caos y del Cosmos
los jueces del Inframundo o Perséfone
la diosa Justicia o las Ninfas de la naturaleza.

Que me juzguen el sol y la luna,
los astros que tanto inspiraron mis letras,
que me juzgue el hilo de la historia
junto al verdugo del tiempo
o que me juzgue el Creador
a quien le confesé mis errores
y dediqué mi existencia...

Mas no ha de juzgarme el ignorante
con su juicio egocéntrico y limitado
con su argumento de piedra o de cristal
con su criterio de rebaño o de jauría
con sus discursos de humo cortante
En ellos… no confío yo

La vereda

Millones de vidas han cruzado la vereda...

Deambulan entre espigas frescas o resecas
a veces avanzan sobre vías certeras
a veces sobre resbaloso asfalto

Buscan un dios en lo infinito
o solo excavan en minas de polvo.
Otros caminan sin brújulas ni nortes
con pesadas cruces en sus hombros
y caprichosos grilletes en sus tobillos,
pidiendo un día más y luego otro
hasta que llega el último momento
y se apaga la luz del camino.

Pocos quieren entender a la vereda
y descifrar sus enigmas,
es mejor dormir y soñar en el viento
arrastrados como la hoja de un árbol
que danza al vaivén de falsos paradigmas
o de los apetitos que confecciona el mercado

La vereda continúa existiendo
en espera de nuevos viajeros...
Ella aguarda serena y confiada
a que nuevos pasos y huellas
nuevas risas y llantos
nuevos aciertos y errores
vuelvan a recorrer sus derroteros
cubiertos de sueños, saberes
… y grandes desafíos

Las flores del tiempo

Hoy las flores moran
en el jardín de la desconfianza,
ya no son las flores de aquellos versos…

Las flores de oro, porcelana,
madera, cuarzo y marfil
quedaron en mis recuerdos,
son remembranzas del silencio

Ahora las flores viven
junto a mis dudas,
en los áridos huertos
de la experiencia

Ahora puedo ver sus espinas
furtivas y a veces letales…
Siguen siendo bellas
aunque también peligrosas

Hay flores poseídas por los encantos
que llegan a hipnotizar con su fragancia,
aromas fascinantes que tocan el espíritu...
Pero poseen máscaras en sus rostros
fríos avernos hay en sus pétalos,
no brillan con el candil de la verdad
… son antifaces de apariencias

Hoy las flores me revelan su fragilidad
–están sujetas a cambios y transiciones–.
Herederas de la impermanencia
… son las flores del tiempo

Memento Mori

"Vencida de la edad sentí mi espada;
y no hallé cosa, en que poner los ojos,
que no fuese recuerdo de la muerte."
Francisco de Quevedo

Memento mori, frase latina que recuerda la mortalidad del ser humano, la fugacidad de la vida y la importancia de vivir cada momento consciente...

"Paraíso de grises óleos
y hórridos parajes de marmóreas lápidas."
Así te pintan los sonámbulos del sendero,
con lóbregas pinceladas que opacan el lienzo

Otros ansían tu presencia…
Aquellos azotados por violentos torrenciales
y heridos por puñales y lanzas
que enturbian sus mentes,
aquellos que buscan una falsa puerta
para escapar de sus pesares

Eres ineludible pócima
que libera al espíritu del cuerpo,
... pocos te comprenden.
solo aquellos que advierten las banalidades
y se ríen de las máscaras del ego,
aquellos que comprenden la finitud
y se montan en la ola de la trascendencia,
aquellos que se reconcilian con los vendavales
y se levantan del resbaloso fango,
aquellos que conviven con Tánatos
y valoran las agujas del reloj

Muerte…
    vigoroso recuerdo
    que enriquece nuestras vidas

Nelumbos

Bajo una flor de loto
yace la esencia del Misterio…

Ahí donde las raíces luchan feroces
con el fango que hiere
ahí donde los días son cenizas
y las máscaras se quiebran
con los muros de la realidad,
ahí emerge el firme tallo
de la maestra experiencia
que florece con los años,
ahí donde las lajas cortan sueños
y las heridas sangran lamentos,
ahí crecen las fuertes raíces
que sostienen la existencia

Noches eternas

El sol se oculta en un horizonte inalcanzable
y observo el arcano universo
… busco interpretarlo,
aunque también es posible
que yo sea el interpretado,
el objeto, el fenómeno…
apenas un minúsculo átomo
que del Misterio proviene
y hacia él retornará.
No lo entiendo
… las noches son eternas

Los desvelos son testigos
de mis diálogos con la vida.
Pienso, contemplo
intuyo y deduzco,
mas una inexplicable bruma
termina por cubrir mis ojos.
La realidad se aleja silente,
se disuelve en los confines
de un espectro infinito

El ovillo que guía mi camino
se quiebra como un cristal,
no consigo salir de este laberinto.
El Minotauro lanza un alarido
y me preparo para enfrentarlo
... sus fauces son el universo.
Un hoyo negro me devora
y me arroja hacia rincones desconocidos
… no puedo vencerlo

Me retiro sereno al rincón del pensador
y mi rostro se desvanece en los reflejos.
No puedo evitarlo
… las noches siempre serán eternas

Oficio de poeta

A veces ser poeta…
es debatir con una lágrima
es rasgar la tela que oculta al más allá
es buscar paraísos en los infiernos
y encontrarle un sentido a lo irracional

A veces ser poeta…
es golpear paredes de concreto
y derribar falsos paradigmas,
modas y espectáculos circenses
que amurallan a las sociedades

A veces ser poeta…
es beberse un libro,
embriagarse con sus frases
y recitarle su esencia al mundo

A veces ser poeta…
es acompañar a la soledad
y transmutar el viento del sufrimiento,
es visitar la gruta del inconsciente
y lidiar con sus sombras

A veces ser poeta…
es darle una bofetada a la desgracia
tomar la pluma, mojarla en el tintero
y levantarse del execrable lodo

A veces ser poeta…
es cortar el látigo del tirano
con el filo de las letras
es abonar un terreno estéril
y sembrar semillas de conciencia

A veces ser poeta…
es cantarle a un amor de voces lejanas
y atizar el fuego de la pasión,
es enfrentar al indomable tiempo

e inmortalizar ideas que nunca morirán

A veces ser poeta…
es lanzar un poderoso conjuro
y hechizar a cada lector
con la magia de las palabras

A veces ser poeta…
es cabalgar el centauro de la locura
y recorrer la sabana de la incomprensión
es ser la silaba de un verso
o el teclado de un computador
es aparentar ser alguien…
          aunque al final nos sepulte la nada

Skholé

"La felicidad está en el ocio"
Aristóteles

Diógenes Laercio decía que Sócrates ensalzaba el ocio
como la más bella de las riquezas...

Ocio, anhelo tus tibias ramas
para resguardarme del inclemente sol.
Es verano y no puedo apagar este fuego
... él me devora con fiereza.
Te necesito junto a la soledad
para invocar a las inmortales musas
que reposan en lo alto del Olimpo

Eres el *skholé* de los maestros griegos
cáliz donde se sirve el vino filosófico
licor de trascendencia y creación

En los Campos Elíseos
reposan tus manjares de oro,
allí donde moran las almas virtuosas
que forjaron huellas indelebles.
También anhelo un poco de estos frutos
en este desenfrenado mundo
donde las locas rutinas son un arquetipo
y los antivalores se encumbran
más allá de la lógica y el sentido común

En estos días de cerebros exiguos,
ideas desérticas y espectáculos virales
es difícil encontrar tu monasterio.
A veces te percibo en la melodía silvestre
de las sabias flores de la pradera.
A veces te encuentro en la base de un árbol,
en la orilla de un río o al pie de una cascada.
A veces siento que eres mi sombra
y tu mirada traspasa mis pensamientos

Otium, tintero de mansa pluma
que riega mis hojas con reflexiones,
te espero junto a mi lámpara
en el silencio fértil del escritor,
te espero para desatar mis versos
… para liberar la poesía

Sublimación

Voy a contar mis penas
mientras enjugo estas lágrimas
con las telas de un poema.

Voy a cavar en las arenas
y en los cenagales más profundos
con la pala de la reflexión.

Voy a inmortalizar mis cruces,
los filosos dardos
cicatrices y reveses,
los lagos y las montañas
ensenadas y amaneceres,
con mis prosas y versos
cuentos y novelas
    … con la pasión de las letras.

Voy a relatarles mi odisea,
una experiencia fugaz
una marcha más, otra jornada
de un simple jornalero,
una travesía en búsqueda de un Sentido
una existencia que al final conduce
a la frontera de lo incognoscible
… al portal de la eternidad

Los sueños

Fustigado por el cansancio
o guiado por una misteriosa deidad,
mis párpados terminan por cerrarse

Doblegado por la magia de Morfeo
o llevado por el carruaje de Hipnos
ingreso a un mundo onírico:
paraje de imágenes, sombras y luces
donde las emociones y los recuerdos
juegan con los deseos, miedos, conflictos...
donde se experimenta la vida
bajo el místico prisma del inconsciente

Algunos sueños alegran al despertar,
son sueños que provienen
de los edenes de la mente.
Otros entristecen los días,
emergen de las oscuras fosas
de la desesperación y los temores

Hay sueños de seda y esperanzas
otros de negras túnicas y lágrimas,
unos levantan el ímpetu
y alegran las inocentes almas,
otros las golpean sin clemencia
hasta marchitar los corazones más recios

Y si la vida es tan solo un sueño,
como dijo el poeta Calderón
quisiera morir soñando
O mejor… soñando hasta morir

El juego de la vida

La vida es un segmento de la eternidad
es un laberinto con sus minotauros
es jugar a las cartas y apostar…
apostarle siempre a la paz y al mañana

La vida es un sueño que quiere despertar
es un ritual al cielo y a la naturaleza
es una llama que arde con intensidad
en la brasa de la historia

Es también un trozo de finitud,
un suspiro que se aleja con el viento
es un reloj de minutos fugaces
que evoca nuestra impermanencia

Es como un campamento, una posada,
un sendero montañoso por recorrer
una cascada de experiencias
que invita a la reflexión

La vida es un poema efímero
un latido del corazón del tiempo.
Así es la vida que percibimos:
incertidumbre y esperanza
… un juego de azar

Vilipendios

¡Cuánto duelen las lenguas de fuego
que incineran corazones!
… ¡Cuánto duelen!
Son serpientes que acechan las presas
para clavarles sus colmillos.
Son despiadadas como arpías
y frías como cadáveres

¡¿No ven que las manecillas de la vida
avanzan incansables,
y que en las montañas se agotan los glaciares?!
No atienden a las clases del Maestro Mundo
ni a los clamores del viento de la Conciencia
… No, no atienden.

Yo no sé qué quieren con sus dardos
o con sus copas envenenadas
pero ¡cuánto lastiman!

Ojalá y contemplaran el agrietado lienzo
de sus pensamientos
y escarbaran en sus entrañas,
encontrarían rincones para iluminar
y paraísos para oscurecer.
Y ya cansados mitigarían la Ignorancia,
ese mal que corroe los frágiles pilares
que sostienen a nuestra sociedad

Ya lo sabía

Sabía que las lámparas no alumbrarían por siempre
porque la oscuridad también debía brillar
... Ya lo sabía

Sabía que las flores se marchitarían
porque nada, nada es eterno en este mundo

Sabía que mis días eran efímeros:
diez, veinte, cincuenta, cien…
apenas un filamento en la cuerda de la historia,
porque Cronos solo nos permite
vislumbrar un poco de los grandes misterios

Sabía que las risas no eran perpetuas
porque las lágrimas también tendrían su lugar

Sabía que la vida era una lección
y que las olas que golpeaban mi canoa
también forjaban mi conciencia

Sabía que mi musa se desvanecería en esta Tierra
para inspirarse de nuevo en la eternidad

Sabía que el adiós eterno
y la última despedida llamarían a mi puerta

Sabía que algún día tendría que partir
… Ya lo sabía

Sentido de la vida

Busco el sentido de la vida
en las voces de los filósofos
en los árboles del bosque
que irradian su paciencia,
y en la sonrisa de los niños

Busco el sentido de la vida
en el silencio de la mente
en el vacío de la materia
que no se manifiesta, pero se intuye,
y en la unidad de la creación

Busco el sentido de la vida
en la naturaleza de la poesía
en los enigmas de las metáforas
que embellecen el lenguaje,
y en el ritmo de los versos

Busco el sentido de la vida
en los archivos del amor
en las firmes columnas de la familia
que sostienen el templo de la virtud,
y en el ave perdida de la libertad

Busco el sentido de la vida
y converso con su presencia,
que me habla sin palabras
que me abraza sin brazos
… y me pesa en su balanza

Anhelos

No quiero más cadenas
que me aten al yugo de la ilusión
ni quiero monedas que me roben
las agujas ni las arenas de mi reloj.
Quiero una vida contemplativa
de voces libres y compromiso social
donde puedan brillar los soles
de la libertad y la virtud

No quiero más espinas que hieran
la piel de mi conciencia
ni quiero más violencia ni balas
que enciendan odio y rencor.
Quiero una vida de justicia
de voces sabias y respeto
donde puedan florecer
los edenes del espíritu

No quiero más fantasmas
que espanten mi presente
ni quiero más mentiras
que nublen mi corta visión.
Quiero una vida que me muestre
los colores de la aurora
donde pueda emerger de lo profundo

… el tesoro de la paz y el amor

Familia

En el tapiz de la existencia, la familia es un hilo transmisor,
sinfonía de almas entrelazadas en el vasto firmamento
figuras en un cuadro surrealista, en un mural etéreo,
donde el tiempo avanza en perpetuo vaivén

En su seno, los días son un río serpenteante
donde las risas son cascadas que adornan su curso
y las lágrimas, gotas que nutren su cauce,
mientras las piedras se alisan con el suave pulir del afecto

En sus pasillos reposan memorias de vivencias pasadas,
cuentos silenciosos que se entrelazan en cada esquina,
y en sus páginas se escriben anécdotas y hazañas,
cada capítulo una lección en el arte de amar y ser amado

En ella, las sonrisas son luciérnagas que iluminan la noche
explorando las oscuras grutas de nuestras almas,
y los desafíos son montañas que escalamos juntos
buscando la cima donde el sol brille con más fuerza

En la familia se desprenden la luz y la sombra,
como hojas llevadas por el viento en un bosque misterioso,
y en su fluir constante encontramos un sentido a la vida,
donde el ser se desnuda ante miradas cómplices

En este enigmático sendero de emociones y vínculos
hallamos un cálido refugio para el espíritu errante,
un oasis en el desierto, un islote en el vasto océano
un lugar donde el corazón aprende a labrar su derrotero

Falsedad

En el efímero teatro de la vida
las máscaras se multiplican sobre el escenario
que levanta su telón cada día

La Mentira, esa astuta actriz,
pronuncia su seductor monólogo
fisurando frágiles corazones

La Hipocresía, su compañera de escena,
se desliza furtivamente entre el público
ataviada de moralidad y embriagadoras palabras

Dolos y Alétheia entablan su eterna batalla
coloreando de grises los paisajes,
ocultándose entre los muchos discursos

Los aplausos resuenan en silencio
y las almas sufren traiciones
bajo el duro látigo del engaño

¿Qué es real y qué vulgar fachada?
La sinceridad, como una brisa en el rostro
se acerca, acaricia y luego se desvanece,
solo pocos perciben su fugaz presencia

Al final, la obra termina para todos,
pero la mentira continúa quebrando conciencias
y manchando los nobles espíritus
que anhelan encontrar la Verdad

El amanecer de la existencia

En el mural del horizonte el amanecer se despliega,
tibio esplendor que glorifica la existencia.
Las sombras se disipan cantando en su partida
mientras el mundo se despierta sediento de experiencias

Los árboles estiran sus brazos hacia el sol
como almas que buscan la radiante luz.
Y las aves, emisarias de un oculto Creador,
entonan las letras de un himno celestial

La existencia se manifiesta en el celaje,
en el murmullo de los misterios
y en el tiempo que susurra
con matices, secretos y sutilezas.

Somos inocentes peregrinos en este infinito universo
buscando significado en cada alba, en cada aurora.
¿Acaso somos gotas de estrellas, fragmentos de luz?
¿Acaso es la vida un fugaz destello en la eternidad?
Quizás en el amanecer encontraremos las respuestas,
o tal vez más interrogantes en nuestra búsqueda sin fin

Así, se alza el sol, pintando el cielo de tonos cálidos
y nosotros, pequeños testigos, contemplamos sus maravillas.
El amanecer y la existencia:
        –vínculos de un recóndito pacto–
nos revelan que somos parte de algo más grande
            … de algo universal

Rutas y senderos

Cómo me emociona
despertar sobre la blanda tierra
y conversar con la brisa mañanera
acompañado de Flora y Fauno,
dioses de eternas leyendas

Escuchar el canto de las ninfas,
el trinar de las aves en su vuelo
y la risa de los duendes
que trepan con los elfos
hacia la copa de los árboles

Meditar al pie de una cascada,
respirar el agua del río transparente
que impregna los poros de mi piel
y renueva mi alma

Cómo me gusta
subir a las serenas montañas
y pisar la hojarasca seca
que recubre los senderos.
Con cada paso de barro
fundirme con el Misterio Creador
hasta ser parte del Edén Prohibido

Cuánto le agradezco a Dios
por los días verdes y azules
por los crepúsculos y ocasos
las cimas y los abismos
los frescos y cálidos aromas
por la compañía de mi familia
y los grupos de senderistas

Cómo me complace
sentir mi vida así…
colmada de letras y naturaleza
fotografías, poemas y reflexiones,
conectando con mi esencia

… aprendiendo a vivir

Poiesis y Philosophia

En el insondable mar del pensamiento humano
navega la poesía, velero de sentimientos,
cargada de metáforas, imágenes y sueños
...desafía las tempestades de la razón

La filosofía, faro en el risco de la existencia,
guía las embarcaciones con destellos de saberes
filosas preguntas y respuestas que deambulan
en la búsqueda eterna de la Verdad

Juntas en el horizonte se fusionan
donde el cielo de la mente resplandece.
Una, con su belleza, pinta al sol
la otra, con su lógica, descifra los secretos

En el mágico diálogo entre el ser y el saber
la poesía y la filosofía combinan sus hechizos.
Una misteriosa pócima de ideas y versos
que produce un encantamiento en cada lector

Lecciones

He caminado veredas de incertidumbre
donde las piedras son puñales.
La vida, maestra de tiempos duros,
me instruye con cada clase, con cada lección

He sentido el frío viento de la ignorancia,
el furor por las lenguas de hielo
la hipócrita toxina del falso verbo
el aliento mortal de la injusticia
las voces de pólvora del autoritarismo
y la soledad, que juega con la desilusión

Los golpes que la vida me ha otorgado
son tragos que embriagan mi alma,
símbolos que debo descifrar
en el corto periplo de mi existencia

Acepto los diluvios que inundan mis sueños
los días de humo, las noches sin luna.
Cada experiencia es un pincelazo en mi lienzo,
colores de dolor, trazos de crecimiento

Ahora intento ver un regalo en las heridas,
como un sendero que se refleja en mi mente
y me conduce al Sabio de la Montaña,
al ermitaño de aquel recordado libro
que aún se esconde en mi inconsciente

Aprendo a soltar las macizas cadenas del apego
a transmutar el sufrimiento en porvenir,
como un alquimista de emociones.
Porque en la aceptación mora la paz
y en cada desafío, una nueva cima que escalar

Ocaso esperado

En el crepúsculo dorado de los años,
cuando las sombras son amigas
y el tiempo se va despidiendo,
la vida se desliza silente hacia el horizonte
como el sol exhausto se hunde en el Oeste

Las grietas en la piel cuentan sus historias,
cada línea es trazada con sonrisas y lágrimas.
Los ojos, espejos del espíritu, reflejan la travesía
y los cabellos plateados serpentean con el viento

Las manos, antes certeras, fuertes y ágiles
ahora tiemblan con ternura y nostalgia.
Los pasos son más lentos, a veces afligidos.
Para unos, son las huellas de un espinoso calvario
para otros, un remanso de conciencia y paz

Recuerdos se entrelazan con hilos desgastados
tejiendo una nostálgica manta de experiencias vividas:
Circos, máscaras, tormentas, libros rotos,
amores, ilusiones, fracasos y esperanzas...
todo, todo se funde en silenciosa brasa

Que el último suspiro sea como un verso suave
ligero de adverbios, mayúsculas y adjetivos.
Y nuestra crónica, como estampa indeleble,
quede plasmada en el diario de los recuerdos

Así, en el inevitable ocaso
encontramos cierto encanto, cierta belleza
en su cristal, en su perfume, en el adiós.
Porque cada atardecer es un regalo del firmamento

… una oportunidad para abrazar la eternidad

Suposiciones

En la hoja de nuestra mente
dibujamos caras desconocidas,
figuras moldeadas por historias no contadas.
Cada línea, una suposición audaz
cada sombra, un prejuicio que se desliza

Miramos a través de lentes empañados,
coloreamos personajes con creyones de dudas.
En nuestro papel se aprecian matices de miedos,
resentimientos, deseos y esperanzas
con trazos de verdades y mentiras

Los otros –espejos de nuestras propias historias–
reflejan lo que anhelamos ver, no lo que son,
en su mirada buscamos confirmación, recibimiento
ignorando la pluralidad de su ser

Avanzamos como ciegos en la espesura
llevados de la mano de la ignorancia
hacia espacios irreflexivos,
y proyectamos en los demás
nuestros días y noches,
olvidando que detrás de cada rostro

… existen parajes por explorar

El amor solo ama

Amor...
mística ave que vuela libre,
cambiante como el viento en su cruzada
no conoce de rejas, no entiende las fronteras,
es viajero eterno que inspira sentido

Silencio compartido entre dos almas
mirada que habla cuando las palabras sobran
abrazo que calma cuando el mundo duele…
el indomable sentimiento que lucha
contra el ácido de la posmodernidad,
es manantial de inspiración, crecimiento, esperanza

No es siempre cielo de luz ni lago en calma,
a veces es turbulencia, viaje desafiante.
Incluso en la ira, el desencuentro, la tristeza
o en las batallas cotidianas de la vida
el amor persiste, se adapta, sobrevive, triunfa

Como misteriosa vela, arde en los corazones.
Es complejo y sencillo a la vez, sagrado y profano
–el alfa y el omega de la Creación–

En su esencia más pura el amor solo ama
sin pedir retribuciones, limosnas, anillos
        ni doradas cadenas que aprisionen el alma

Dama sin rostro

En la morada del silencio reposa la muerte,
dama sin rostro que teje el final de cada historia
con estambres invisibles que el tiempo corta

No hay descanso en su andanza
son pasos que se graban en la memoria,
metáforas de vidas que fueron poemas
sombras de elegías que reviven al anochecer

Ella, la gran igualadora, no marca distinción
entre mendigos o magnates, desgraciados o dichosos,
esclavos o reyes, oprimidos o tiranos,
todos somos sus hijos en la cambiante bruma
esperando el frío beso del adiós

La muerte, Señora de la Impermanencia,
nos enseña a amar lo que se desvanece,
a encontrar grandeza en la despedida
profundidad en las huellas que legamos
y sabiduría en la aceptación

En cada verso que brota del alma
ella se esconde con su verdad callada,
porque al final de todo lo que avistamos
después del último suspiro
        ... yace el comienzo de un Misterio mayor

Una gota de agua en el mar

"A veces sentimos que lo que hacemos
es tan solo una gota en el mar,
pero el mar sería menos si le faltara una gota."
Madre Teresa de Calcuta.

En el extenso mapa de nuestra sociedad
se trazan torcidas direcciones,
antivalores que manchan las redes de información:
entretenimiento, inmediatez y transgresiones morales
ofuscan mentes adormecidas,
aquellas arrastradas por la brisa de las modas
y alejadas del certero dedo del discernimiento

La indiferencia se sienta en la gran mesa
mientras el vicio sirve el plato del día.
La idiotez se viste de tendencia,
pasea por calles y avenidas
ignorando a la sensatez, ya descalza, abandonada.
Las vulgaridades resuenan en rítmicas notas que se
[venden,
el respeto y la educación son marginados
...siempre esperando un juicioso like

La responsabilidad reposa sobre hombros conscientes,
en la contribución hacia un horizonte más radiante.
No es carga, sino llamado, un susurro que resuena
en las pequeñas acciones
–una gota de agua que mejora nuestro mar–.
Es el poder de un "no quiero",
la consciencia de un "yo debo"
la fuerza de un "sí puedo"

Cada paso que avancemos
es un acorde en la sinfonía de los cambios,
una oportunidad para escribir la canción del mañana.
Así, en la ausencia de apatía, hallamos la cadencia
el compás que marca el paso hacia la transformación,
donde cada uno con sus ideas
sus manos
su voz
su voluntad,
puede ser parte del diseño
de una digna sociedad

No hay metáforas que adornen estos versos
ni expresiones estéticas que manifiesten belleza
solo frases crudas en un espejo roto.
Cada fragmento refleja exhortación, aliento, esperanza
una posibilidad de reconstruir cimientos,
de ser más que espectadores
en esta obra maestra llamada Vida

ACERCA DEL AUTOR

Ernesto Marrero Ramírez es poeta, cuentista y ensayista venezolano. Licenciado en Administración y Magister en Filosofía práctica de la Universidad Católica Andrés Bello. También realizó estudios superiores de Psicología Existencial en la Universidad de Winner en Lima, Perú, y Psicología Analítica en el Centro de Estudios Junguianos en Caracas, además de Narrativa Contemporánea en la UCAB. Es miembro del Círculo de Escritores de Venezuela y de la Sociedad Venezolana de Filosofía. También es profesor universitario, investigador, conferencista, asesor gerencial, locutor, productor de micros radiales y articulista sobre temas filosóficos, biográficos y existenciales.

Algunos de sus libros son:

El pececito que quería ser humano I y II
La leyenda del sabio de la montaña
Y ahora… ¿por dónde empiezo?
Cuando tenga tiempo, empiezo
Pasajes secretos del alma
El Futuro nos Alerta
Quisiera contarte algo
El jardín de la existencia
El tiempo y su legado
Fragmentos de impermanencia.

www.ingramcontent.com/pod-product-compliance
Lightning Source LLC
LaVergne TN
LVHW041129150826
845673LV00007B/2247

9789801847618